Catecismo Nova Cidade

Para Crianças

Dados Internacionais de Catalogação na Publicação (CIP)
(Câmara Brasileira do Livro, SP, Brasil)

Catecismo Nova Cidade para crianças / [organização The Gospel Coalition, Redeemer Presbyterian Church ; coordenação Gisele Lemes]. -- São José dos Campos, SP : Editora Fiel, 2024.

ISBN 978-65-5723-357-3

1. Catecismo 2. Educação cristã de crianças 3. Westminster Assembly (1643-1652). Breve catecismo I. The Gospel Coalition. II. Redeemer Presbyterian Church. III. Lemes, Gisele.

24-210863 CDD-238.3

Índices para catálogo sistemático:

1. Breve catecismo : Credos : Doutrinas 238.3

Tábata Alves da Silva - Bibliotecária - CRB-8/9253

Catecismo Nova Cidade para crianças

Traduzido do original em inglês
The New City Catechism for Kids

■

Originalmente publicado em inglês por Crossway, Wheaton, Illinois, EUA.

Primeira edição em português: 2024

Os textos das referências bíblicas foram extraídos da versão Almeida Revista e Atualizada, 2ª ed. (Sociedade Bíblica do Brasil), salvo indicação específica.

■

Diretor Executivo: Tiago J. Santos Filho
Editor-chefe: Vinicius Musselman Pimentel
Coordenador Gráfico: Gisele Lemes
Editor: Renata do Espírito Santo T. Cavalcanti
Tradutor: Elizabeth Gomes
Revisor: Renata do Espírito Santo T. Cavalcanti
Diagramador: Rubner Durais
Capista: Rubner Durais
ISBN brochura: 978-65-5723-357-3

FIEL
Editora

Caixa Postal 1601
CEP: 12230-971
São José dos Campos, SP
PABX: (12) 3919-9999
www.editorafiel.com.br

Catecismo Nova Cidade

Para Crianças

52 Perguntas e Respostas
para corações e mentes

FIEL Editora

Primeira Parte

Deus, Criação e Queda, Lei

Pergunta 1

Qual é nossa única esperança na vida e na morte?

Resposta

Que não somos de nós mesmos, mas pertencemos a Deus.

Pergunta 2

Quem é Deus?

Resposta

Deus é o criador de todos os seres humanos e de todas as coisas.

Pergunta 3

Quantas pessoas existem em Deus?

Resposta

Existem três pessoas no único Deus: o Pai, o Filho e o Espírito Santo.

Pergunta 4

Como e por que Deus nos criou?

Resposta

Deus criou-nos homem e mulher à sua própria imagem para glorificá-lo.

Pergunta 5

O que mais Deus criou?

Resposta

Deus criou todas as coisas, e toda a sua criação era muito boa.

Pergunta 6

Como glorificamos a Deus?

Resposta

Amando-o e obedecendo aos seus mandamentos e à sua lei.

Pergunta 7

O que a lei de Deus requer?

Resposta

Que amemos a Deus de todo coração, alma, mente e força; e que amemos o próximo como a nós mesmos.

Pergunta 8

Qual é a lei de Deus declarada nos Dez Mandamentos?

Resposta

Não terás outros deuses diante de mim. Não farás para ti imagens. Não tomarás o nome do SENHOR, teu Deus, em vão. Lembra-te do Sábado para santificá-lo. Honra teu pai e tua mãe. Não matarás. Não cometerás adultério. Não furtarás. Não darás falso testemunho. Não cobiçarás.

Pergunta 9

O que Deus requer nos mandamentos primeiro, segundo e terceiro?

Resposta

No primeiro, que conheçamos e confiemos em Deus como único Deus vivo e verdadeiro. No segundo, que evitemos toda idolatria. No terceiro, que tratemos o nome de Deus com temor e reverência.

Pergunta 10

O que Deus requer nos mandamentos quarto e quinto?

Resposta

No quarto, ele requer que, no dia de Sábado, gastemos o tempo no culto a Deus. No quinto, que amemos e honremos nosso pai e nossa mãe.

Pergunta 11

O que Deus requer nos mandamentos sexto, sétimo e oitavo?

Resposta

No sexto, que não firamos ou odiemos nosso próximo. No sétimo, que vivamos com pureza e fidelidade. No oitavo, que não tomemos, sem permissão, aquilo que pertence a outra pessoa.

Pergunta 12

O que Deus requer nos mandamentos nono e décimo?

Resposta

No nono, que não mintamos ou enganemos. No décimo, que vivamos em contentamento, não invejando ninguém.

Pergunta 13

É possível alguém guardar perfeitamente a lei de Deus?

Resposta

Desde a Queda, nenhum ser humano foi capaz de guardar perfeitamente a lei de Deus.

Pergunta 14

Deus nos criou incapazes de cumprir a sua lei?

Resposta

Não, mas devido à desobediência de Adão e Eva, nascemos todos em pecado e culpa, incapazes de guardar a lei de Deus.

Pergunta 15

Já que ninguém consegue guardar a lei, qual é o seu propósito?

Resposta

Que conheçamos a vontade e a natureza santa de Deus, e a natureza pecaminosa de nossos corações; e, assim, nossa necessidade de um Salvador.

Pergunta 16

O que é pecado?

Resposta

Pecado é rejeitarmos ou ignorarmos a Deus no mundo que ele criou e não sermos ou fazermos o que ele requer em sua lei.

Pergunta 17

O que é idolatria?

Resposta

Idolatria é confiar nas coisas criadas,
e não no Criador.

Pergunta 18

Deus permitirá que nossa desobediência e idolatria passem sem punição?

Resposta

Não, Deus se ira com justiça
quando cometemos pecados e os punirá
por seu justo juízo tanto nesta vida
como na vindoura.

Pergunta 19

Existe como escapar do castigo e ser trazido de volta ao favor de Deus?

Resposta

Sim, Deus nos reconcilia com ele por meio de um Redentor.

Pergunta 20

Quem é o Redentor?

Resposta

O único Redentor é o Senhor Jesus Cristo.

Segunda Parte

Cristo, Redenção, Graça

Pergunta 21

Que tipo de Redentor é necessário para nos trazer de volta a Deus?

Resposta

Um Redentor que seja verdadeiramente humano e também verdadeiramente Deus.

Pergunta 22

Por que o Redentor tem de ser verdadeiramente humano?

Resposta

Para que, em sua natureza humana, pudesse, em nosso lugar, obedecer perfeitamente a toda a lei e sofrer o castigo pelo pecado humano.

Pergunta 23

Por que o Redentor tem de ser verdadeiramente Deus?

Resposta

Para que, em virtude de sua natureza divina, sua obediência e seu sofrimento fossem perfeitos e eficazes.

Pergunta 24

Por que foi necessário que Cristo, o Redentor, morresse?

Resposta

Cristo morreu voluntariamente em nosso lugar para nos libertar do poder e da pena do pecado e trazer-nos de volta para Deus.

Pergunta 25

A morte de Cristo significa que todos os pecados podem ser perdoados?

Resposta

Sim, como a morte de Cristo na cruz pagou plenamente a penalidade por nossos pecados, Deus não mais se lembrará de nossos pecados.

Pergunta 26

O que mais a morte de Cristo redime?

Resposta

Toda parte da criação caída.

Pergunta 27

Assim como todas as pessoas estavam perdidas por meio de Adão, todas são salvas por intermédio de Cristo?

Resposta

Não, somente aquelas que foram eleitas por Deus e unidas a Cristo pela fé.

Pergunta 28

O que acontece depois da morte com aqueles que não foram unidos a Cristo pela fé?

Resposta

Serão lançados fora da favorável presença de Deus, para o inferno, a fim de serem castigados justa e gravemente, para sempre.

Pergunta 29

Como podemos ser salvos?

Resposta

Somente pela fé em Jesus Cristo e em sua morte substitutiva e expiatória sobre a cruz.

Pergunta 30

O que é fé em Jesus Cristo?

Resposta

Recebê-lo e descansar somente nele para a salvação que nos é oferecida no evangelho.

Pergunta 31

O que cremos ser a verdadeira fé?

Resposta

Cremos em Deus Pai Todo-Poderoso, Criador dos céus e da terra; e em Jesus Cristo, seu único Filho, nosso Senhor, que foi concebido pelo Espírito Santo, nasceu da virgem Maria, padeceu sob Pôncio Pilatos, foi crucificado, morto e sepultado, desceu aos mortos, ressuscitou ao terceiro dia, subiu aos céus e está assentado à direita de Deus Pai Todo-Poderoso, de onde virá para julgar os vivos e os mortos. Cremos no Espírito Santo, na santa e universal igreja, na comunhão dos santos, na remissão dos pecados, na ressurreição do corpo e na vida eterna. Amém.

Pergunta 32

O que significam justificação e santificação?

Resposta

Justificação significa nossa justiça declarada diante de Deus. Santificação significa nossa justiça gradual e crescente.

Pergunta 33

Os que têm fé em Cristo devem buscar a salvação pelas próprias obras?

Resposta

Não. Tudo que é necessário à salvação se encontra em Cristo.

Pergunta 34

Já que somos redimidos somente pela graça, por intermédio somente de Cristo, temos ainda de fazer boas obras e obedecer à Palavra de Deus?

Resposta

Sim, para que nossa vida mostre amor e gratidão a Deus e para que outros sejam ganhos para Cristo pelo nosso comportamento piedoso.

Pergunta 35

Já que fomos redimidos somente pela graça, somente por meio da fé, de onde vem essa fé?

Resposta

Do Espírito Santo.

Terceira Parte

Espírito, Restauração, Crescimento em Graça

Pergunta 36

O que cremos a respeito do Espírito Santo?

Resposta

Que ele é Deus, coeterno com o Pai e o Filho.

Pergunta 37

Como o Espírito Santo nos ajuda?

Resposta

O Espírito Santo nos convence de nosso pecado e nos capacita a orar e a entender a Palavra de Deus.

Pergunta 38

O que é a oração?

Resposta

Oração é derramar nossos corações a Deus.

Pergunta 39

Com que atitude devemos orar?

Resposta

Com amor, perseverança e gratidão.

Pergunta 40

O que devemos orar?

Resposta

Toda a Palavra de Deus nos dirige quanto ao que devemos orar.

Pergunta 41

O que é a Oração do Pai-Nosso?

Resposta

Pai nosso, que estás nos céus, santificado seja o teu nome; venha o teu reino; faça-se a tua vontade, assim na terra como no céu; o pão nosso de cada dia dá-nos hoje; e perdoa-nos as nossas dívidas, assim como nós temos perdoado aos nossos devedores; e não nos deixes cair em tentação; mas livra-nos do mal.

Pergunta 42

Como deve ser lida e ouvida a Palavra de Deus?

Resposta

Com diligência, preparo e oração; para que aceitemos com fé e pratiquemos em nossas vidas a Palavra de Deus.

Pergunta 43

O que são sacramentos ou ordenanças?

Resposta

O batismo e a ceia do Senhor.

Pergunta 44

O que é o batismo?

Resposta

Batismo é o lavar com água em nome do Pai, do Filho e do Espírito Santo.

Pergunta 45

Seria o batismo com água o lavar do próprio pecado?

Resposta

Não, nosso pecado só pode ser limpo pelo sangue de Cristo.

Pergunta 46

O que é a ceia do Senhor?

Resposta

Cristo ordenou que todos os cristãos comessem do pão e bebessem do cálice em grata memória dele.

Pergunta 47

A ceia do Senhor acrescenta alguma coisa à obra expiatória de Cristo?

Resposta

Não, Cristo morreu uma vez para sempre.

Pergunta 48

O que é a igreja?

Resposta

Uma comunidade eleita para a vida eterna e unida pela fé que, em conjunto, ama e segue a Deus, aprende dele e o adora.

Pergunta 49

Onde Cristo está agora?

Resposta

Cristo ressuscitou corporalmente da sepultura no terceiro dia após a sua morte e está assentado à destra do Pai.

Pergunta 50

O que significa para nós a ressurreição de Cristo?

Resposta

Cristo triunfou sobre o pecado e a morte, de modo que todo aquele que nele confia ressurge para uma nova vida neste mundo e para a vida eterna no mundo que está por vir.

Pergunta 51

Qual é a vantagem para nós da ascensão de Cristo?

Resposta

Cristo é nosso advogado na presença do Pai e também nos envia seu Espírito.

Pergunta 52

Que esperança tem a vida eterna para nós?

Resposta

Viveremos com Deus e teremos satisfação nele para sempre no novo céu e na nova terra, onde estaremos plena e perpetuamente libertos de todo pecado, em uma criação renovada e restaurada.

Conheça o Devocional do Catecismo Nova Cidade.

Além das perguntas e respostas completas, o livro impresso contém um texto bíblico, duas reflexões e uma oração para você se aprofundar a cada semana na sã doutrina. Esses conteúdos adicionais podem ser usados como instrumento devocional em determinado dia da semana, a fim de ajudá-lo a refletir e meditar sobre as questões e aplicações que surgem das perguntas e respostas. Além disso, o livro pode ser usado para discipulados e pequenos grupos.

O Ministério Fiel visa apoiar a igreja de Deus, fornecendo conteúdo fiel às Escrituras através de conferências, cursos teológicos, literatura, ministério Adote um Pastor e conteúdo online gratuito.

Disponibilizamos em nosso site centenas de recursos, como vídeos de pregações e conferências, artigos, e-books, audiolivros, blog e muito mais. Lá também é possível assinar nosso informativo e se tornar parte da comunidade Fiel, recebendo acesso a esses e outros materiais, além de promoções exclusivas.

Visite nosso site

www.ministeriofiel.com.br

Esta obra foi composta em NHaasGroteskDSPro-55Rg 12,0, e impressa na Promove Artes Gráficas sobre o papel Apergaminhado 70g/m2, para Editora Fiel, em Novembro de 2024